GINÁSTICA LABORAL

PARA

CIRURGIÕES-DENTISTAS

Elaine Borges
Claudia Regina

phorte editora

ELAINE BORGES PICOLI
CLAUDIA REGINA GUASTELLI

GINÁSTICA LABORAL PARA CIRURGIÕES-DENTISTAS

Phorte Editora Ltda.
Rua: Galvão Bueno, 714 – cjs. 11-14 e 16
Liberdade – São Paulo – SP
CEP: 01506-000
Tels.: (0xx11) 3207-2923/3209-2793
Fax: (0xx11) 3207-0085
Site: www.phorte.com
e-mail: phorte@zaz.com.br

Ginástica Laboral para Cirurgiões-Dentistas
Copyright© 2002 by Phorte Editora Ltda.

Produção e Supervisão Editorial: Fábio Mazzonetto
Gerente de Projetos: Sérgio Roberto Ferreira Batista
Assistente Editorial: Luciana Nascimento Leopoldino
Revisão: Danielle Mendes Sales
Ilustrações: Francisco Martins Junior
Capa e Projeto Gráfico: Vinícius Mazzonetto
Editoração Eletrônica: Studio RA
Impressão: Imprensa da Fé

Nenhuma parte deste livro pode ser reproduzida ou transmitida de qualquer forma ou por quaisquer meios eletrônico, mecânico, fotocopiado, gravado ou outro, sem autorização prévia por escrito da Phorte Editora Ltda.

CIP - Brasil. Catalogação-na-Fonte
Sindicato Nacional dos Editores de Livros, RJ.

P663g

Picoli, Elaine Borges
　　Ginástica laboral para cirurgiões-dentistas / Elaine Borges Picoli, Claudia Guastelli - São Paulo: Phorte, 2002

ISBN 85-86702-55-2

1. Ginástica laboral para cirurgiões-dentistas. 2. Cirurgiões-dentistas - Saúde.
I. Guastelli, Claudia. II. Título

02-147.
CDD 613.71
CDU 613.71

000261

Impresso no Brasil – Printed in Brazil

AGRADECIMENTOS

Agradeço primeiramente a Deus pela realização deste projeto.
À minha mãe e ao meu pai pelo carinho e pelo apoio em todos esses anos.
Ao meu querido companheiro, Robson, pela tolerância, paciência, compreensão e incentivo.
Em especial à minha sócia e amiga Claudia pela confiança, pelas conquistas, por dividir e proporcionar-me crescimento profissional e por ser uma pessoa que luta e que busca, sem jamais desistir, evoluir e enfrentar todos os desafios e obstáculos com muita energia.
Vocês são maravilhosos!
Quero agradecer ao meu filho Gabriel e dedicar este livro a ele, que é minha luz e a razão pela qual continuo buscando aperfeiçoamento pessoal e profissional.
Muito obrigada.

Elaine Borges Picoli

Agradeço a Deus por me colocar à frente deste projeto com saúde, determinação e sucesso.
À minha mãe: adorável, inseparável e companheira de todas as horas.
Ao meu querido marido, Ronaldo, pelo seu imenso bom humor, por me fazer rir todos os dias e por ter me ensinado que as melhores coisas da vida estão nas pequenas coisas; você é maravilhoso!
E um agradecimento muito especial à minha sócia e amiga de sempre, Elaine. Você que contribui todos os dias para o meu crescimento pessoal e profissional. A você que me fez enxergar que tudo é possível e realizável em nossas vidas quando temos, dentro de nós, um simples e único sentimento: vontade de crescer! Foi maravilhoso ter encontrado você na jornada da vida. Você é muito especial!
Obrigada por tudo.

Claudia Regina Guastelli

Agradecemos aos mestres Sérgio Guida e Fábio Mazzonetto por terem aberto caminhos de confiança, cooperação, conhecimentos e profissionalismo para a concretização desta obra.
E, em especial, ao dr. José Fábio Gastaldo pela paciência, colaboração e por nos conceder sua imagem para a realização deste trabalho, que muito acrescentou para o sucesso profissional de cada uma de nós!
Nosso muito obrigada!

Elaine e Claudia

SUMÁRIO

Prefácio IX

Introdução XI

Biodinâmica do Movimento 1
    Fadiga Muscular 4
    DORT e Cervicobraquialgia 4
    Flexão Cervical 4
    Abdução do Braço 5
    Pinça Lateral 6
    Exercícios de Alongamento 7
    Ergonomia 7
    Ambiente de Trabalho Inadequado 8

Precauções 9
    Verifique 11
    Fique Atento! 12

Ginástica Laboral 17
    Exercícios 20
        Sessão 1 21
        Sessão 2 28
        Sessão 3 35
        Sessão 4 41
        Sessão 5 48

Referências Bibliográficas 57

Sobre as Autoras 59

Prefácio

É com grande satisfação que assumo a responsabilidade de prefaciar a obra das professoras Elaine Borges Picoli e Claudia Regina Guastelli, abordando a ginástica laboral que, sem dúvida, é, na atualidade, um dos mais relevantes temas.

As autoras demonstraram muita sensibilidade científica ao escolher uma categoria profissional, no caso a de cirurgiões-dentistas, reforçando a complexidade e a abrangência deste campo de estudo.

A preocupação em motivar os leitores ao aprofundamento e desenvolvimento científicos da área em questão fica evidente e feito de forma muito didática e natural, como, por exemplo, estimulando a responder e refletir sobre os seguintes questionamentos: Você se sente ou já se sentiu fatigado após uma jornada de trabalho? E o cansaço e o desgaste físicos e psíquicos por permanecer muito tempo na mesma posição? Isso tudo sem falar nos problemas de tendinite, diabetes, desvios posturais, como escoliose, entre outros que ocasionam o estresse e que trazem males à saúde.

Com a preocupação sobre a qualidade de vida dos profissionais da área odontológica, especialmente cirurgiões-dentistas, o livro apresenta e discute temas relacionados à capacidade funcional do corpo, propondo, de maneira adequada, exercícios diários para a conservação da boa saúde.

Neste intuito, o livro segmenta-se em três capítulos que abordam aspectos fisiológicos. O capítulo *Biodinâmica do Movimento* apresenta os problemas mais comuns da prática profissional, como fadiga muscular, sobrecarga muscular a partir da flexão cervical, da abdução do braço, etc.

O capítulo *Precauções* pontua todas as ações cotidianas do cirurgião-dentista para que ele possa identificá-las, perceber se estão corretas e/ou evitá-las.

Como os estudos mostram que há uma relação entre o estilo de vida incoerente e o aparecimento de lesões, o capítulo *Ginástica Laboral* propõe um programa variado de exercícios com o objetivo de amenizar e eliminar os problemas causados por atividades repetitivas e pelo excesso de esforço muscular da prática diária.

Com esse programa de exercícios regulares adquirem-se benefícios fisiológicos e psicológicos, não havendo motivos para desistência já que a Ginástica Laboral pode ser praticada tanto em consultório quanto em outro lugar onde o especialista sinta-se à vontade.

Portanto, o que se pretende transmitir e causar, através de uma linguagem acessível, é motivação e boa qualidade de vida.

Parabéns às autoras pela contribuição a uma área tão carente, ainda, de bibliografia e de enorme importância social.

Prof. Ms. Sérgio Guida

PREFACIO

INTRODUÇÃO

A conservação de uma boa saúde depende especialmente da cultura e dos hábitos de cada pessoa.

Você está plenamente satisfeito(a) com a sua vida? Acredita que no trabalho esteja empregando 100% de seu potencial? Sente-se realizado (a) tanto do ponto de vista emocional e afetivo quanto do profissional?

Não são muitas as pessoas que podem responder sim a todas essas questões. E o motivo disso está na visão limitada de conceitos importantes, como, por exemplo, o da saúde. Para muitos, ter saúde significa simplesmente não ter doença. Saúde é algo muito mais amplo e envolve bem mais do que somente o bem-estar físico. É um conceito que compreende uma série de aspectos que estão presentes em nosso dia-a-dia.

> "Saúde é um estado de completo bem-estar – físico, social e mental, e não somente ausência de doenças."
> Organização Mundial da Saúde/OMS

A noção de saúde é antes de tudo uma atitude, um comportamento e a melhor maneira de atingir uma excelente qualidade de vida.[6]

A qualidade de vida vem sendo afetada rigorosamente por situações de auto-agressão deixando as pessoas expostas aos fatores de risco, como o estresse, a hipertensão e outros, e trazendo sérios problemas, como, por exemplo, desvios posturais, decorrentes de uma má postura, doenças cardiovasculares, diabetes crônico-degenerativas e osteomusculares.

Existem pessoas com vários problemas, como escoliose, hipercifose, tendinite, bursite, hérnia de disco e outras enfermidades, porque a postura da vida moderna tem dado ênfase à postura sentada, que é prejudicial à coluna vertebral, e às posturas inadequadas.[3]

A busca de uma solução que traga ao homem condições favoráveis, que o leve a uma melhor qualidade de vida e bem-estar, poderá ser alcançada através da atividade física regular, principalmente com exercícios para a compensação dos esforços e sobrecargas musculares diárias, obtidos com alongamento e relaxamento.

Este manual da qualidade de vida tem por objetivo mostrar aos cirurgiões-dentistas a possibilidade de prevenir os problemas de desvios de posturas e os DORT – Distúrbios Osteomusculares Relacionados ao Trabalho (tendinite, tenossinovite, bursite, cervicobraquialgia e outras patologias), com apenas 10 ou 15 minutos diários de exercícios compensatórios.

Capítulo 1
Biodinâmica do Movimento

A biodinâmica do movimento humano fornece conceitos interdisciplinares, como análise do movimento humano, treinamento físico, aprendizagem e controle do movimento, avaliação do treinamento físico, processamento e tratamento de sinais biológicos, modulação de reflexos, bioenergética da contração muscular, simulação e animação por computação gráfica, neurofisiologia e controle do movimento.

Através da análise qualitativa da **biodinâmica do movimento** do cirurgião-dentista dr. José Fábio Gastaldo, podemos observar, na foto1, que a região cervical encontra-se fora da posição neutra e se mantém em flexão constante no momento em que atende seus pacientes nos casos de dentes inferiores e nos casos de raspagem.

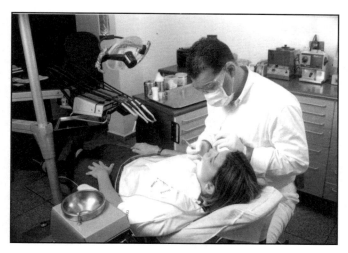

Foto 1: Posição de flexão cervical constante

A região cervical é composta por sete vértebras cervicais, relativamente pequenas, e contém um canal vertebral ligeiramente mais amplo. Cada processo transverso é perfurado por um forame por onde passam os vasos vertebrais. Todos os processos espinhosos fornecem inserção para um potente ligamento mediano, o ligamento da nuca. As articulações da coluna cervical, como um todo, permitem movimentos de flexão, extensão, rotação e flexão laterais. Esses movimentos são realizados pelos músculos pré e pós-vertebrais, auxiliados pelos músculos trapézio e esternocleidomastóideo.[12, 13]

Essa posição é mantida pela contração estática dos músculos posteriores do pescoço (região cervical). E, na contração estática, ou seja, na contração isométrica, ocorre alternância entre as fibras musculares para manter/sustentar a posição. Porém, o músculo deixa de receber aporte sangüíneo porque o fluxo sangüíneo é interrompido devido à pressão intramuscular. Portanto, o processo metabólico que deveria ocorrer por via aeróbia passa a ocorrer por via anaeróbia, com produção e acúmulo de ácido láctico. Na falta de oxigênio, o organismo, tentando nutrir as fibras musculares, permite o extravasamento do soro do sangue através de artérias e capilares, porém os leucócitos também extravasam, provocando reação local – edema e inchaço. As fibras musculares que não receberam nutrição suficiente morrem e tornam-se corpos estranhos para os leucócitos, originando o processo inflamatório com reação fibrosa – miosite.[4, 8]

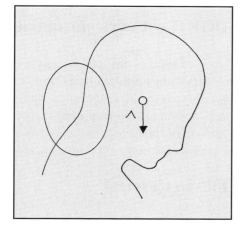

Fig. 1: Alteração do ponto do equilíbrio na flexão cervical constante

Fadiga Muscular

Com o decorrer da jornada de trabalho (mínimo de oito horas), apesar de haver pausas e alternâncias de posição e isso não ser suficiente em relação ao tempo de permanência na posição antiergonômica, os músculos começam a entrar em **fadiga muscular**. Inicialmente, a fadiga proporciona sensação de queimação, dor e peso no membro afetado. A fadiga é um sinal do organismo de que algo está errado, e o problema pode piorar se não for dada atenção aos sintomas e continuar o trabalho, não permitindo que as fibras musculares se recuperem.

Ou seja, a *fadiga muscular é um estado reversível de diminuição da capacidade funcional de um sistema, órgão ou de todo um conjunto*, provocado por uma sobrecarga neste. Ocorre uma redução, e não uma exaustão da capacidade funcional, que na maioria das vezes é reversível. Mas, quando ultrapassamos essa capacidade funcional, seja na intensidade-força-freqüência, o corpo dá sinais de sobrecarga e reduz seu ritmo de funcionamento. E, como mencionado anteriormente, a fadiga torna-se perigosa à saúde quando o indivíduo continua forçando o organismo, podendo este chegar à exaustão e, quando for cumulativa, levando à fadiga crônica.[4, 7]

As causas da fadiga estão freqüentemente ligadas ao método de trabalho (maneira como é executado) ou ao projeto do posto de trabalho (a distribuição física dos equipamentos e do mobiliário).

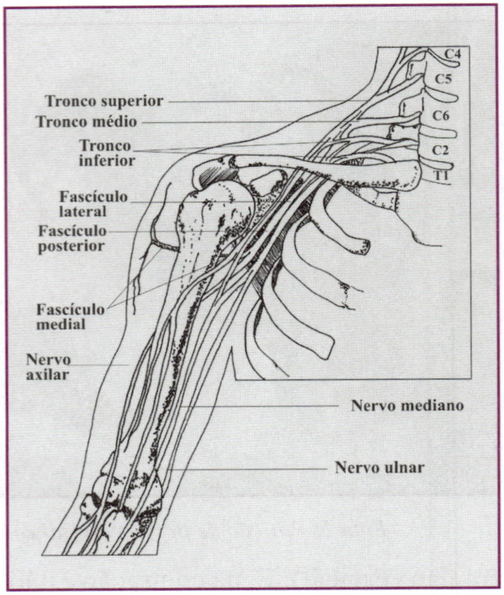

Fig. 2: Plexo braquial

DORT e Cervicobraquialgia

Sendo assim, podem surgir os **DORT** – *Distúrbios Osteomusculares Relacionados ao Trabalho* – e a **cervicobraquialgia** nesta posição de flexão da cabeça. A *cervicobraquialgia é a compressão de um ou mais nervos do plexo braquial que se origina na região cervical e vai em direção aos membros superiores*. A compressão e/ou pinçamento de nervos do plexo braquial podem dar origem a um desconforto na região cervical e, caso não seja dada atenção necessária a esse sintoma, ele pode ir aumentando e direcionar-se para os membros superiores, devido à cadeia muscular.[8, 9]

Flexão Cervical

A *flexão cervical é uma postura não-ideal adotada pelo corpo*. Sendo assim, envolve uma quantidade maior de esforço e sobrecarga, conduzindo a um menor aproveitamento do corpo, devido ao maior dispêndio de energia por não estar na posição ideal – neutra.[4]

Podemos observar também, que em alguns momentos ocorre flexão cervical com rotação, aumentando ainda mais a tensão muscular e a sobrecarga.

Além desse fato, se a flexão cervical com rotação for realizada sempre para o mesmo lado, freqüentemente, sem compensação do esforço através de exercícios de alongamento e relaxamento, tende a ocorrer encurtamento muscular unilateral, havendo a possibilidade de ocasionar rotação em alguma vértebra cervical e podendo esta pinçar nervos, causar hérnia de disco e/ou originar osteófitos (bicos-de-papagaio).[3]

Podemos observar, nas fotos 2 e 3, que os braços trabalham constantemente sem apoio. Portanto, os músculos que envolvem ombros, braços e antebraços mantêm-se em contração muscular e, como mencionado anteriormente, a contração muscular isométrica prejudica o aporte sangüíneo, comprometendo toda a capacidade funcional. É importante salientar que a flexão de cotovelo estática pode dar origem a *epicondilite – processo inflamatório nos epicôndilos* – devido à tensão muscular e ligamentar nessa estrutura.[8, 9]

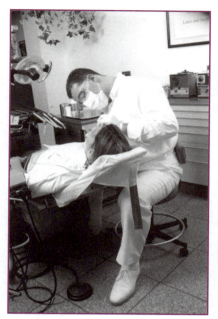

Foto 2: Flexão cervical com rotação

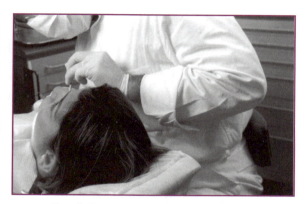

Foto 3: Braços sem apoio e flexão constante da articulação do cotovelo

Abdução do Braço

A **abdução do braço** proporciona um aumento de sobrecarga muscular nos membros superiores e na região cervical, porque, para manter esta posição, os músculos responsáveis pela abdução escápulo-umeral – supra-espinhal e deltóide porção acromial – permanecem em contração isométrica; e, como mencionado anteriormente, o músculo pode entrar em fadiga devido à falta de oxigênio, dependendo do tempo de permanência na

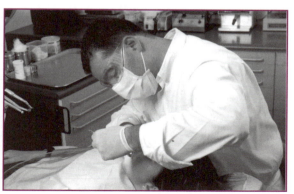

Foto 4: Abdução dos braços

posição em relação ao tempo de recuperação e repetitividade do movimento. Conseqüentemente, essa posição pode dar origem a uma lesão como a *bursite – inflamação na bolsa (bursa) subacromial –* localizada no espaço subacromial, entre o acrômio e os tendões do manguito rotator, ou dar origem à tendinite no ombro.[4, 8, 9]

Pinça Lateral

A utilização de alguns materiais é feita através de **pinça lateral**, sobrecarregando os músculos que envolvem os dedos e punhos. A *pinça lateral é um tipo de pega realizada pelas mãos para a execução da tarefa*, de acordo com determinado formato do material/ferramenta. O tipo de manejo (fino ou grosseiro) também deve ser considerado para verificar se ocorre sobrecarga muscular e/ou compressão mecânica nas mãos, ou seja, se os materiais/ferramentas comprimem a parte central da palma da mão e as laterais dos dedos.[5, 7] A compressão mecânica persistente dos tecidos moles pode acarretar pequenos processos inflamatórios locais, edema, dor em queimação, sensação de cansaço e diminuição da condução nervosa, com a conseqüente diminuição da força muscular e parestesia.[8] A alta repetitividade observada na raspagem é realizada através de contração dinâmica (isotônica), mas a quantidade de movimentos realizados sem pausa não permite a recuperação das fibras musculares, ocorrendo a perda da força (fato também mencionado pelo dr. José Fábio Gastaldo), o que significa um sinal de fadiga muscular. Ressaltamos, ainda, que a utilização de materiais/ferramentas através da pinça lateral aumenta a sobrecarga, devido à compressão mecânica. Nesse caso há a possibilidade de ocorrer um processo de fadiga muscular cumulativa, que pode tornar-se crônica com a falta de estímulo (atividade física) para a recuperação, pois, com a falta de força, ocorre uma pausa momentânea e retorna-se ao trabalho porque este não pode ser interrompido.

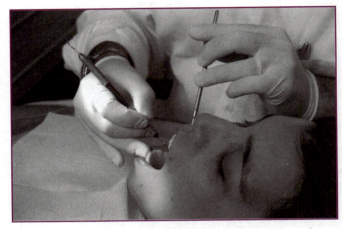

Foto 5: Utilização de materiais através de pinça lateral

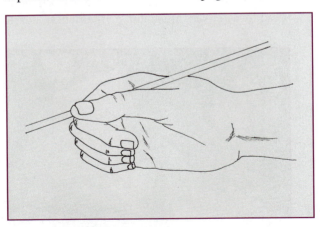

Fig 3: Pinça lateral

Exercícios de Alongamento

O esforço diário muscular pode ser tão grande que as fibras musculares podem não se recuperar apenas com o repouso cotidiano, pois há um atendimento diário e repetitivo a vários clientes, sem levar em conta que nos casos femininos ocorre a agravante da dupla jornada de trabalho: consultório e lar. Se não houver um estímulo para que os músculos voltem ao seu tamanho normal, recebam um aporte sangüíneo necessário e recuperem-se adequadamente, fatalmente surgirão várias lesões, porque, quando um músculo fica paralisado (sem movimento ocasional, sem estímulo para retornar ao seu tamanho normal), podem ser formadas aderências entre os tendões e as bainhas que o envolvem, bem como entre os feixes adjacentes de fibras musculares. Sempre que os tecidos cruzam uma articulação e permanecem na mesma posição durante muitas semanas, eles tendem a adaptar-se à posição encurtada e a exibir contraturas. Essas complicações usualmente são impedidas mantendo-se a amplitude de movimento plena e aumentando-se o fluxo sangüíneo e linfático através da atividade física.[4]

Esses estímulos são conseguidos com **exercícios de alongamentos** estático, dinâmico e de relaxamento, como ocorre em empresas, ou seja, a Ginástica Laboral, fazendo com que as fibras musculares voltem ao seu tamanho normal, ocorra oxigenação e eliminação dos resíduos químicos.

O alongamento é o ato que induz a distensibilidade do tecido biológico. É uma forma de trabalho que visa à manutenção dos níveis de flexibilidade obtidos e a realização dos movimentos de amplitude normal com o mínimo de restrição física possível. Segundo Bob Anderson (1983), os alongamentos são os elos entre tensão/esforço e, relaxamento/compensação, pois mantêm os músculos flexíveis, preparam-nos para atividades e proporcionam a redução da tensão muscular e a sensação de um corpo mais relaxado. Os alongamentos ainda liberam tensões emocionais, como, por exemplo, o estresse, reduzem a probabilidade de lesões e preparam os músculos para resistir melhor às tensões diárias.[1, 2, 10]

Ergonomia

"... Ergonomia é o conjunto dos conhecimentos científicos relativos ao homem e necessários à concepção de instrumentos, máquinas e dispositivos que possam ser utilizados com o máximo de conforto, segurança e eficiência." (Wisner, 1987)

A **ergonomia** utiliza o conhecimento de diversas ciências visando ao melhor entendimento dos efeitos do trabalho sobre nosso corpo e identifica características dos métodos de trabalho que podem ter efeitos potenciais de estresse. A ergonomia nos oferece caminhos para desenhar ou redesenhar processos e postos de trabalho, visando reduzir ou eliminar o desconforto físico e a fadiga.[5, 7, 8]

Ambiente de Trabalho Inadequado

Ambientes de trabalho com projeto inadequado contribuem para reduzir a eficiência, a produção e a qualidade, além de aumentar os custos. A ergonomia está preocupada em fazer a interface entre homem-máquina e homem-ambiente de maneira segura, eficiente e confortável, preocupando-se, em primeiro plano, com a saúde do trabalhador e sua satisfação pelo trabalho; e, em segundo plano, com o aumento da lucratividade da empresa.[5, 7, 8]

Uma tarefa que não está adequada pode causar desconforto físico, fadiga constante, olhos cansados, dores, etc. Esses sintomas são, na verdade, sinais de que algo não está bem e de que alguma mudança deve ser feita seja na disposição do mobiliário, na postura (seja estática ou cinética), na quantidade e/ou na qualidade do trabalho executado.

Portanto, além de termos cuidados com a temperatura, com a umidade do ar, com a iluminação e com o ruído, devemos estar atentos às possibilidades de ajustes, como, por exemplo, o ajuste da cadeira do paciente e a do profissional atuante.

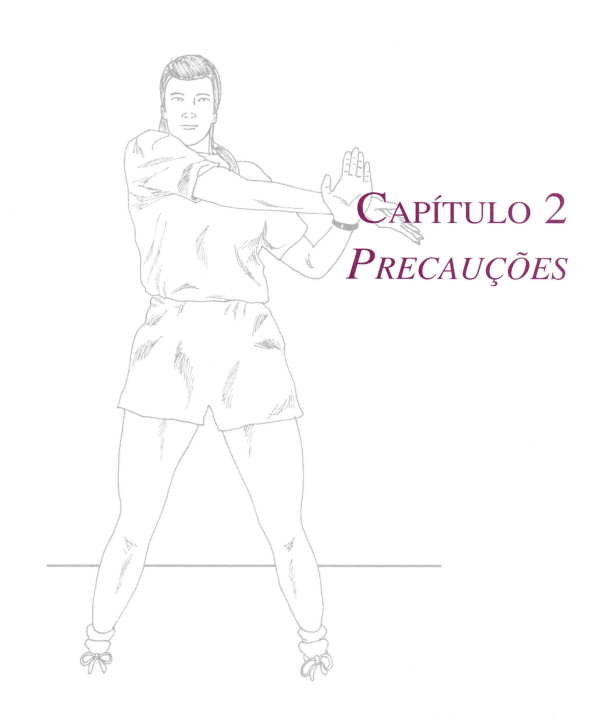

CAPÍTULO 2
PRECAUÇÕES

Verifique

• Como está a iluminação?

A intensidade da iluminação, expressa em lux, mede o fluxo luminoso que incide em uma superfície. A intensidade de iluminação deve ser adequada para cada tipo de atividade. Baixas intensidades luminosas exigem esforços visuais maiores para visualização de componentes, do posto de trabalho. A intensidade de iluminação elevada proporciona aumento do risco de reflexos e de formação de contrastes pronunciados.[7, 9]

Em trabalhos que exigem alta intensidade luminosa, como no caso do cirurgião-dentista, há necessidade de uma luminária específica, em combinação com a iluminação geral, para atender o cliente.

• Você pode melhorar a posição do paciente, favorecendo o seu posicionamento e tornando-o mais adequado?

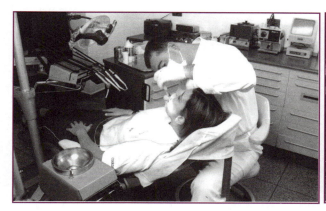
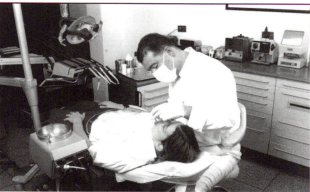

• Sua cadeira possui ajustes de altura, de assento e de encosto?

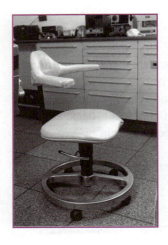   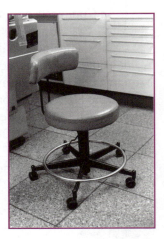

Fique Atento!

• Seus pés devem estar sempre bem apoiados no solo.

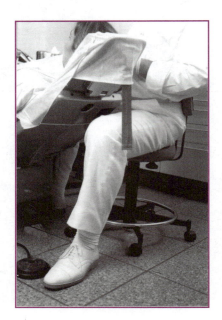

• Seus joelhos não devem estar hiperflexionados: o ângulo da articulação do joelho não deve ser inferior a 90°.

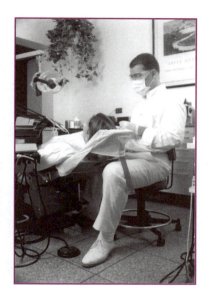 

• O ângulo da articulação coxofemoral deve ser em torno de 90° a 110°.

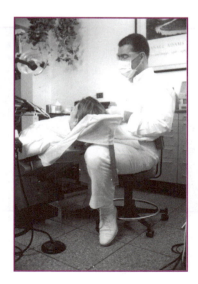

• O encosto da cadeira deve ser ajustado e sempre que possível utilizado. Deve existir um espaço livre para a massa glútea, a borda superior deve estar na direção da porção inferior da escápula e a borda inferior, na direção da quinta vértebra lombar.

• As pegas dos equipamentos devem ser respeitadas.

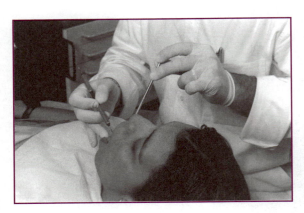 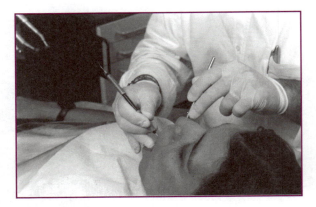

• Deve-se evitar: sair da posição neutra durante o trabalho (apesar de ser muito difícil); realizar uma ligeira flexão de tronco (inclinação à frente) e uma flexão de cervical (pescoço); realizar abdução dos braços, elevação das escápulas e rotações de coluna.

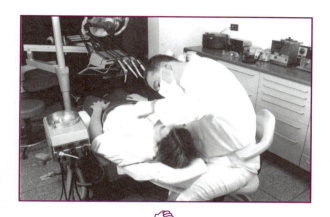

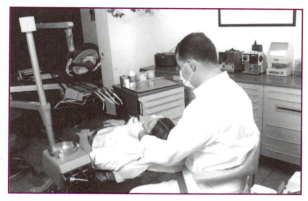

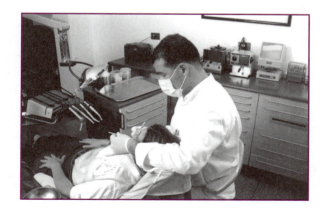

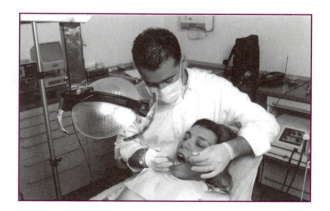

Capítulo 3
Ginástica Laboral

A Ginástica Laboral tem sido apontada como o meio que melhor se adapta à compensação do esforço muscular, devido ao seu largo espectro de movimentos analíticos e aos efeitos benéficos gerais.

Ela é realizada no próprio local de trabalho, com exercícios elaborados para compensar e prevenir os efeitos negativos dos DORT, as dores na coluna, desvios de postura e outros problemas.

Os exercícios utilizados são os alongamentos – atos que induzem a distensibilidade do tecido biológico. O alongamento é uma forma de trabalho que visa a manutenção dos níveis de flexibilidade obtidos e a realização dos movimentos de amplitude normal com o mínimo de restrição física possível. O alongamento é uma atividade simples, suave, tranqüila que proporciona grande relaxamento e bem-estar. Praticado corretamente, pode evitar muitos problemas relacionados ao trabalho, com a vantagem de que pode ser realizado em quase todos os lugares e a qualquer hora, não exigindo nenhum equipamento especial, ou seja, você pode alongar periodicamente no decorrer do dia. Em relação à saúde é o mais indicado e, por esse motivo, vem sendo praticado nos ambientes empresariais, pois o excesso de tensão muscular aumenta a pressão sangüínea e desperdiça energia mecânica, diminuindo a produtividade no trabalho. Essas situações são freqüentemente encontradas no ambiente de trabalho e os exercícios de alongamento são utilizados para diminuir o estresse muscular. Também é de grande importância, como processo profilático, em determinados tipos de lesão e para a amplitude do movimento, após um quadro lesivo.

A prática de um alongamento regular irá proporcionar grandes benefícios físicos para o praticante, como:

- Redução da tensão muscular.
- Melhora da circulação sangüínea.
- Melhora do retorno linfático.
- Redução do estresse e da fadiga muscular em geral.
- Melhora da concentração e do estado de vigilância.
- Redução de lesões.
- Desenvolvimento de consciência corporal.
- Melhora da qualidade de vida.

Para a execução correta do alongamento, o praticante deve manter a respiração natural, relaxar, prestar atenção na postura, concentrar-se nos músculos e nas articulações envolvidas no exercício, prestar atenção na sensação do alongamento, não forçar, não balancear e não sentir dor.[1, 2, 11]

Os objetivos gerais da Ginástica Laboral são:

- Reduzir a fadiga muscular.
- Reeducar a postura corporal.
- Promover as consciências corporal e orgânica.
- Promover a saúde e o bem-estar.

- Aumentar o condicionamento físico geral. (cont.)
- Promover a integração entre os empregados, sem diferenciação.
- Reduzir o absenteísmo e a procura ambulatorial.
- Reduzir o número de acidentes de trabalho.
- Aumentar a motivação e a disposição para o trabalho.
- Aumentar a produtividade.
- Melhorar a qualidade de vida na empresa.
- Proporcionar maior controle do nível de estresse.
- Prevenir os DORT – Distúrbios Osteomusculares Relacionados ao Trabalho.

Exercícios

A seguir, você verá cinco sessões de exercícios para vários grupos musculares. Realize uma por dia, mantenha a posição em cada exercício por 30 segundos, no mínimo, e **boa sorte**!

Cuidados:

- Faça os exercícios até o seu limite, de maneira confortável e com calma.
- Se precisar, alargue um pouco sua roupa.
- Faça uma boa respiração: inspire e expire, de preferência pelas narinas.
- Não pense em problemas ou no serviço e desligue o telefone.
- Se possível, coloque uma música de seu agrado.
- Faça a série de exercícios no mínimo uma vez por dia. Se possível, faça duas séries, uma no início e outra no final da jornada de trabalho, ou sempre que sentir necessidade.
- Se você possui algum problema de saúde grave, como hérnia de disco, alguma cirurgia relacionada aos distúrbios osteomusculares ou outras patologias, consulte seu médico.
- Não esqueça: realize os exercícios nos dois seguimentos corporais (direito e esquerdo).

Sessão 1

1. Alinhar a coluna: cruzar o braço esquerdo sobre o braço direito, posicionar a palma da mão direita com a palma da mão esquerda, elevar os braços, prolongar para cima até um limite confortável. Manter a posição por 30 segundos e descer lentamente, relaxando. Após a realização do exercício, inverter a posição dos braços.

2. Alongamento longitudinal dos músculos da coluna vertebral: apoiar a mão direita na cintura e prolongar, o máximo possível, o braço esquerdo acima da cabeça. Manter a posição por 30 segundos, voltar devagar e relaxar. Após a realização do exercício, inverter os braços e repetí-los.

3. Alongamento dos músculos posteriores da região cervical: flexionar a coluna vertebral, aproximar o queixo no peito, apoiar as mãos na nuca e soltar o peso dos braços lentamente até um limite confortável, aproximando os cotovelos e apontando-os para baixo. Voltar devagar e relaxar.

4. Alongamento dos músculos laterais da região do pescoço: flexionar lateralmente a cabeça para o lado direito, apoiar a mão direita na lateral esquerda da cabeça e realizar uma pequena tração. Sustentar a posição por 30 segundos e voltar devagar. Realizar o exercício, para o outro lado.

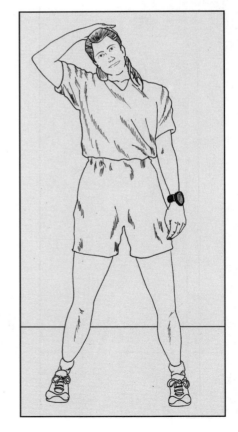

5. Alongar tríceps: elevar o braço direito, flexionar a articulação do cotovelo e com a mão esquerda empurrar levemente o braço direito em direção à região posterior da cabeça. Manter a posição por 30 segundos e voltar lentamente, relaxando. Realizar o exercício para o outro lado.

6. Alongar os músculos abdutores do braço: realizar a adução do braço direito, ou seja, cruzar o braço direito à frente do peito com a palma da mão voltada para trás e, com a mão esquerda apoiada no antebraço direito, realize uma tração levemente para próximo do peito. Manter a posição por 30 segundos e voltar lentamente, relaxando. Não esqueça de realizar o exercício para o outro lado.

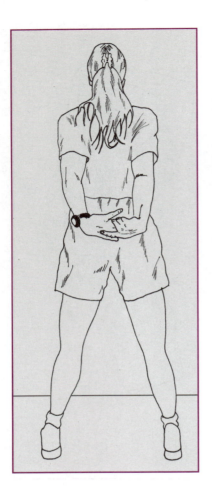

7. Alongar os músculos do peitoral e deltóide (porção clavicular): posicionar os braços atrás do tronco, cruzar os dedos com a palma da mão voltada para o corpo e estender/elevar os braços até um limite confortável. Manter a posição por 30 segundos e voltar lentamente, relaxando.

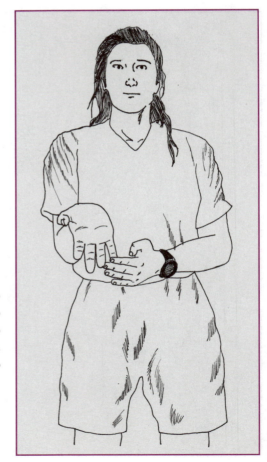

8. Alongar flexores dos dedos e do punho: aproximar o cotovelo direito do tronco, manter um ângulo de 90° entre o braço e o antebraço e, em supinação, alongar dedo por dedo mantendo a extensão de punho. Terminando de alongar todos os dedos, relaxar o braço e realizar o exercício com o outro lado.

9. Alongar flexores dos dedos e do punho: manter o braço direito com flexão inferior a 90º (abaixo do ombro), estender cotovelo e punho. Apoiar a palma e os dedos da mão esquerda na palma e dedos da mão direita, empurrando levemente os dedos da mão direita em direção ao antebraço. Manter a posição por 30 segundos e voltar lentamente, relaxando. Inverter a posição e repetir o exercício.

10. Alongar extensor de punho: manter o braço direito com flexão inferior a 90º, estender o cotovelo, posicionar o braço em pronação (palma da mão para baixo) e o punho em flexão. Apoiar a palma da mão esquerda no dorso da mão direita e empurrar levemente em direção ao braço, não esquecendo de incluir o polegar. Manter a posição por 30 segundos e voltar lentamente. Inverter a posição e repetir o exercício.

11. Ativar circulação sangüínea dos membros inferiores: estender a perna direita à frente, mantendo o pé levemente fora do chão (se necessário, apóie-se na parede), e deixar o joelho da perna esquerda em semiflexão. Realizar flexão plantar e dorsoflexão (ponta do pé para cima e para baixo). Voltar lentamente e realizar o exercício com o outro segmento.

12. Alongar posterior de coxa e de perna: coloque a perna direita à frente, mantendo o joelho direito estendido e, lentamente, realizar flexão de tronco com as mãos apoiadas nas coxas e pernas até um limite confortável. Manter o joelho da perna de apoio em semiflexão ou flexão, e as costas eretas. Voltar lentamente, relaxar as pernas e realizar o exercício com o outro segmento.

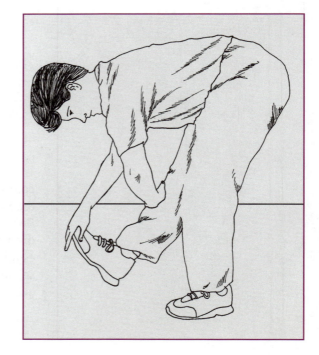

13. Alongar musculatura adutora das pernas: com as pernas em afastamento lateral (afastadas) e com os joelhos semiflexionados, estender o joelho esquerdo e elevar a ponta do pé para cima, mantendo apoio no calcanhar. Descer o tronco realizando flexão de tronco lentamente, com mãos apoiadas no chão (ou nas coxas e nas pernas) até um limite confortável. Manter a posição por alguns segundos e voltar lentamente. Realizar o exercício para o outro lado.

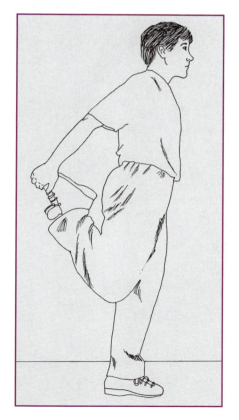

14. Alongar a musculatura anterior da coxa (quadríceps): em pé (se necessário, apóie-se na parede), flexionar a articulação do joelho da perna direita e tentar com a mão do mesmo lado do segmento inferior ou o inverso segurar na ponta do pé. Manter o joelho da perna de apoio em semiflexão segurar a posição por 30 segundos e voltar devagar, relaxando. Realizar o exercício com o outro lado.

Sessão 2

15. Espreguiçar e alongar a musculatura lateral do tronco: entrelaçar os dedos, elevar os dois braços, estender os cotovelos e prolongar, ao máximo, os braços para cima da cabeça. Levar os braços ligeiramente para a lateral direita, sustentar 30 segundos, voltar ao meio – alinhando o tronco – e levar os braços ligeiramente para a lateral esquerda. Sustentar por 30 segundos, voltar, devagar, ao meio, e descer os braços lentamente, relaxando.

16. Alongar os músculos rotatores da cabeça: braços relaxados ao longo do corpo e ombros também relaxados, realizar levemente a rotação da cabeça para o lado direito até o máximo. Manter a posição por 30 segundos e voltar lentamente ao meio. Realizar o exercício para o outro lado.

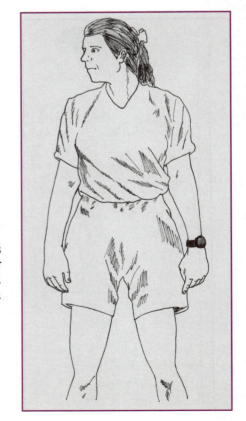

17. Alongar os músculos trapézio feixes superiores: lentamente flexionar a cabeça, aproximando o queixo do peito e olhando para baixo do braço direito (axila). Apoiar a mão direita na nuca e realizar uma leve tração. Manter a posição por 30 segundos e voltar devagar, relaxando. Realizar o exercício para o outro lado.

18. Alongamento do músculo peitoral: apoiar as palmas das mãos na região lombar e tentar aproximar, ao máximo, os cotovelos atrás do corpo. Manter a posição por 30 segundos e voltar lentamente.

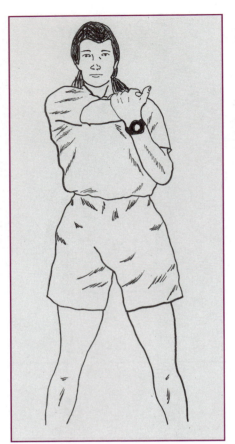

19. Alongar os músculos abdutores do braço: aduzir (cruzar) os braços; com o direito à frente do peito, flexionar articulação do cotovelo, levando a mão direita para trás da cabeça, apoiar a mão esquerda no cotovelo direito e empurrar levemente o cotovelo para trás. Manter a posição por 30 segundos, voltar lentamente e realizar para o outro lado.

20. Alongar os músculos tríceps e deltóide (porção clavicular): elevar o braço direito, flexionar a articulação do cotovelo, levando ao máximo a mão para trás do tronco, e levar o braço esquerdo para trás do tronco – estendendo o braço. Flexionar a articulação do cotovelo, elevar a mão esquerda atrás do tronco em direção à nuca e tentar aproximar as mãos, manter a posição por alguns segundos e voltar lentamente. Realizar o exercício invertendo a posição dos braços.

21. Alongar os músculos extensores dos dedos, do punho e supinador: estender o braço direito à frente em ângulo inferior a 90°, flexionar a articulação do punho e realizar pronação acentuada, apontando os dedos para a lateral, e com a mão esquerda tracionar os dedos em direção ao antebraço e para cima. Voltar lentamente, relaxando, e realizar o exercício para o outro lado.

22. Alongar os músculos flexores dos dedos e do punho: estender o braço direito à frente em ângulo inferior a 90°, flexionar a articulação do punho, apontar os dedos medialmente e, com a mão esquerda, tracionar os dedos e a palma da mão em direção ao antebraço. Voltar lentamente, relaxando. Realizar o exercício para o outro lado.

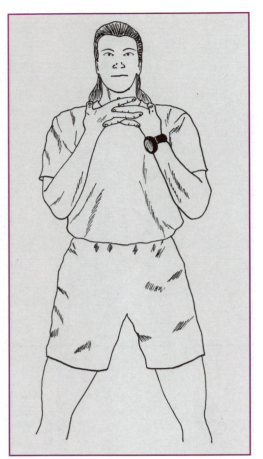

23. Alongar os músculos flexores dos dedos: entrelaçar os dedos, direcionar as palmas das mãos para cima, próximo ao peito, e tentar aproximar os cotovelos até um limite confortável. Manter a posição por 30 segundos e voltar lentamente, relaxando.

24. Alongar os músculos extensores curto e longo do polegar: manter o braço direito ao lado do corpo, flexionar a articulação do cotovelo e do punho, e com a mão esquerda "empurrar" o polegar em direção ao antebraço. Manter a posição por 30 segundos até um limite confortável e voltar lentamente, relaxando. Realizar o exercício com o outro lado.

25. Alongar a musculatura anterior da coxa: de pé, em posição ortostática, flexionar a articulação do joelho direito, posicionando a perna à frente da coxa esquerda, e com a mão esquerda segurar no pé direito e puxá-lo para cima. Se necessário, apóie-se na parede para equilibrar-se; manter a posição por 30 segundos e voltar lentamente, relaxando. Realizar o exercício com o outro segmento.

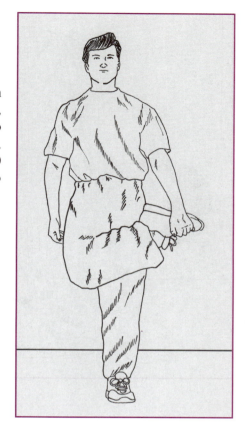

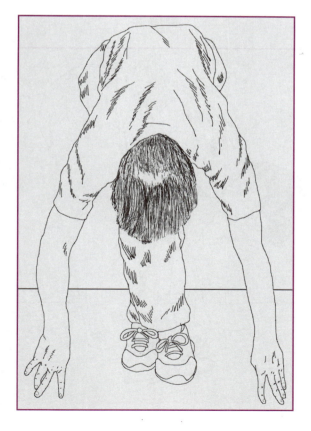

26. Alongar os músculos posteriores da coxa: cruzar a perna direita à frente da perna esquerda, manter os joelhos semiflexionados e descer lentamente o tronco, flexionando-o até um limite confortável. Deixar as mãos apoiadas no chão, na coxa ou na perna, e estender o joelho esquerdo. Manter a posição por 30 segundos, flexionar o joelho esquerdo, voltar lentamente com as mãos apoiadas na perna e coxa, sendo a cabeça a última a chegar. Relaxar e repetir o exercício invertendo a posição das pernas.

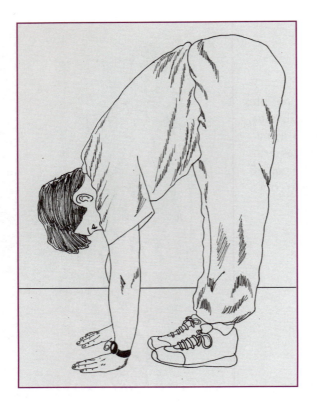

27. Alongar região lombar e músculos posteriores da coxa: deixar as pernas unidas e os joelhos semiflexionados, descer o tronco, flexionando-o até um limite confortável com as mãos apoiadas no chão, nas coxas ou nas pernas. Após manter a posição por alguns segundos, estender levemente os dois joelhos. Manter a posição por 30 segundos, flexionar os joelhos e voltar lentamente, sempre com as mãos apoiadas nas pernas e nas coxas, sendo a cabeça a última a chegar.

28. Alongar o músculo tríceps sural: com as pernas unidas e com os joelhos semiflexionados, descer o tronco lentamente, flexionando-o até um limite confortável. Estender apenas o joelho esquerdo e elevar a ponta do pé esquerdo. Se conseguir, puxar a ponta do pé para cima e manter a posição por 30 segundos. Apoiar totalmente o pé esquerdo, flexionar o joelho e realizar o exercício com a perna direita. Após realizar o exercício com a perna direita, flexionar os joelhos, mantendo as mãos apoiadas nas pernas e coxas, e subir lentamente, sendo a cabeça a última a chegar.

Sessão 3

29. Alongar o músculo lateral do tronco: manter as pernas afastadas com joelhos semiflexionados. Elevar o braço esquerdo e, com a mão direita apoiada no antebraço esquerdo, próximo ao punho, tracionar o braço em direção ao teto e para o lado esquerdo. Manter a posição por 30 segundos e voltar lentamente. Realizar o exercício com o outro lado.

30. Alongar os músculos posteriores do tronco: com as pernas afastadas, joelhos semiflexionados, entrelaçar os dedos, estender o cotovelo e estender os braços à frente. Posicionar a cabeça entre os braços, relaxando, e realizar acentuação da curvatura cifótica. Manter a posição por 30 segundos e voltar lentamente, relaxando.

31. Alongar o músculo tríceps: entrelaçar os dedos, levar as mãos atrás da cabeça e, com o braço esquerdo, puxar o braço direito em direção à lateral esquerda. Manter a posição por 30 segundos e voltar os braços ao meio. Realizar o exercício com o outro lado.

32. Alongar o músculo peitoral: com as pernas afastadas, os joelhos semiflexionados e os dedos apoiados atrás da cabeça, estender o cotovelo direito com o braço abduzido e a palma da mão voltada para frente, empurrar o braço direito e o cotovelo esquerdo para trás. Manter a posição por 30 segundos e inverter as posições dos braços para repetir o exercício.

33. Alongar o músculo peitoral: com as pernas afastadas, os joelhos semiflexionados e os dedos apoiados atrás da cabeça, empurrar os cotovelos para trás. Manter a posição por 30 segundos e voltar lentamente, relaxando.

34. Alongar os músculos deltóide (porção clavicular) e peitoral: com as pernas afastadas e os joelhos semiflexionados, estender o braço direito com a palma da mão voltada para trás. Posicionar a mão esquerda no antebraço direito e elevar os braços, tentando estender ao máximo o braço direito, até um limite confortável. Manter a posição por 30 segundos e voltar lentamente, relaxando. Realizar o exercício com o outro lado.

35. Alongar os músculos abdutores do braço: aduzir (cruzar) o braço direito à frente do peito e posicionar a palma da mão direita voltada para cima. Com a mão esquerda apoiada no antebraço direito, aproximar o braço direito do peito. Manter a posição por 30 segundos e voltar lentamente. Realizar o exercício com o outro lado.

36. Alongar os músculos flexores dos dedos e do punho: com os cotovelos próximos ao tronco e flexionados, posicionar a palma da mão direita com a palma da mão esquerda, estender o punho direito. Com a mão esquerda realizar uma pequena pressão nos dedos na palma da mão direita. Manter a posição por 30 segundos e voltar lentamente, relaxando. Realizar o exercício para o outro lado.

37. Alongar os músculos extensores dos dedos e punho: com os braços abduzidos, posicionar o dorso da mão direita com o da esquerda à frente do peito e levar os cotovelos levemente para baixo, sem deixar separar os dorsos das mãos até um limite confortável. Manter a posição por 30 segundos e voltar lentamente, relaxando.

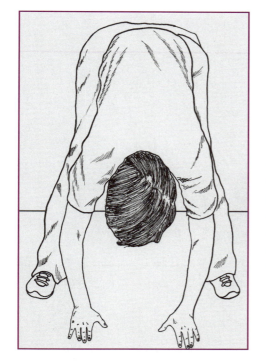

38. Alongar a região lombar e os músculos posteriores da coxa: manter as pernas afastadas, os joelhos semiflexionados, e realizar flexão de tronco deslizando as mãos pelas coxas e pernas, até um limite confortável. Permanecer na posição por alguns segundos e depois estender lentamente os joelhos. Manter a posição por 30 segundos, flexionar os joelhos e subir lentamente o tronco apoiando as mãos nas pernas e coxas, sendo a cabeça a última a levantar.

39. Alongar as regiões lombar, posterior de coxa, tríceps sural e pequena porção glútea: com afastamento ântero-posterior, manter a perna direita atrás com o joelho estendido e a perna esquerda à frente com o joelho semiflexionado. Descer o tronco flexionando-o lentamente, deslizando as mãos pela coxa e pela perna. Manter a posição por 30 segundos e voltar lentamente. Inverter a posição das pernas e realizar o exercício novamente.

40. Alongar a região lombar e o músculo posterior de coxa: manter as pernas afastadas, os joelhos semiflexionados, e realizar flexão de tronco deslizando as mãos pelas coxas e pelas pernas, até um limite confortável. Permanecer na posição por alguns segundos. Depois levar os braços e o tronco em direção à perna direita, mantendo a posição por 30 segundos. Voltar ao meio do corpo lentamente, mantendo a posição por alguns segundos. Depois direcionar os braços e o tronco para a perna esquerda, mantendo novamente a posição por 30 segundos, voltar ao meio e subir lentamente o tronco apoiando as mãos nas pernas e coxas, levantando a cabeça por último.

41. Alongar a musculatura glútea e compensar a região lombar: de pé – em posição ortostática – elevar a perna direita, com o joelho flexionado e o pé relaxado. Apoiar as mãos no joelho ou na região posterior da coxa e "puxar" na direção do peito até um limite confortável. Não deixar o tronco descer, mantê-lo ereto e, após 30 segundos, voltar devagar. Realize o exercício com o outro segmento.

Sessão 4

42. Alongamento longitudinal do tronco: manter o braço direito próximo ao corpo e elevar o braço esquerdo. Manter os cotovelos estendidos e prolongar ao máximo os dois braços. Permanecer na posição por 30 segundos, não esquecendo de inspirar e expirar lentamente pelas narinas. Voltar relaxando, trocar os braços e realizar o exercício novamente.

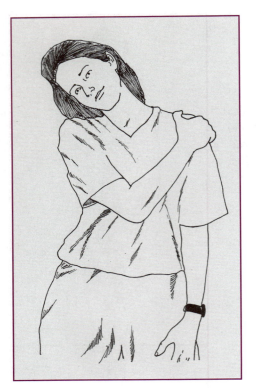

43. Alongar os músculos laterais da região cervical: realizar levemente flexão lateral da coluna na região cervical, inclinando a cabeça para o lado direito e, com a mão direita apoiada no ombro esquerdo, empurrá-lo levemente para baixo. Manter a posição por 30 segundos e voltar lentamente. Realizar o exercício na posição inversa.

44. Alongar os músculos peitoral e deltóide porção clavicular: manter a posição com afastamento ântero-posterior das pernas, entrelaçar os dedos com as palmas da mão para dentro do corpo e com braços atrás do tronco, e lentamente elevar os braços e estendê-los até um limite confortável. Manter a posição por 30 segundos e voltar relaxando.

45. Alongar o músculo peitoral: manter as pernas afastadas com os joelhos semiflexionados, abduzir os braços com as palmas das mãos voltadas para frente e levar ao máximo os braços para trás. Manter a posição por 30 segundos e voltar lentamente, relaxando.

46. Alongar o músculo abdutor do braço: aduzir (cruzar) o braço direito, aproximando-o ao peito, deixar o cotovelo flexionado, apoiando a mão direita, se possível, no ombro direito ou até o seu limite e com a mão esquerda tracionar/puxar o braço direito em direção ao peito. Manter a posição por 30 segundos e voltar lentamente. Realizar o exercício com o outro lado.

47. Alongar o músculo abdutor do braço: aduzir (cruzar) o braço direito à frente do tronco, aproximando-o ao peito. Manter o cotovelo estendido com a palma da mão voltada para frente e com a palma da mão esquerda apoiada na mão direita trazer o braço direito para próximo do tronco. Manter a posição por 30 segundos e voltar lentamente, relaxando. Realizar o exercício com o outro lado.

48. Alongar a musculatura adutora do polegar: manter o cotovelo estendido com segmento superior direito próximo ao corpo, deixar o punho em posição neutra e com os dedos da mão esquerda puxar o polegar direito levemente para cima. Manter a posição por 30 segundos e voltar relaxando. Realizar com o outro lado.

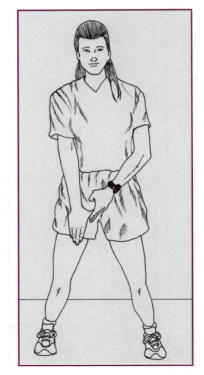

49. Alongar os músculos flexores do punho e dos dedos: realizar abdução dos braços, flexionar os cotovelos posicionando a palma da mão direita com a palma da mão esquerda e levar levemente o braço direito para a lateral, empurrando as pontas dos dedos da mão direita em direção ao cotovelo. Manter a posição por 30 segundos e voltar relaxando. Realizar o exercício para outro lado.

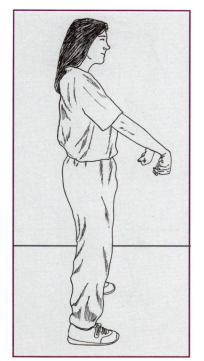

50. Alongar os músculos extensores do punho: flexionar os braços a 45°, manter os cotovelos estendidos e, com os dedos flexionados e aduzidos, realizar flexão de punho. Manter a posição por 30 segundos e voltar lentamente, relaxando.

51. Alongar os músculos flexores do punho: flexionar os cotovelos, posicionando a palma da mão direita com a palma da mão esquerda, direcionar as pontas dos dedos para baixo e levar levemente os cotovelos para baixo. Manter a posição por alguns segundos e voltar lentamente, relaxando.

52. Alongar a região lombar: com as pernas afastadas e os joelhos semiflexionados, flexionar o tronco descendo com as mãos apoiadas nas coxas e pernas. Relaxar os braços e o tronco até um limite confortável por alguns segundos e voltar lentamente, sempre mantendo as mãos apoiadas, sendo a cabeça a última a levantar, e por fim alinhando o tronco.

53. Alongar a região sural: pernas com afastamento ântero-posterior, perna direita posicionada atrás, manter o joelho estendido e a perna esquerda à frente com o joelho semiflexionado. Com o tronco alinhado e ereto, manter a posição por 30 segundos e trocar as pernas para repetir o exercício.

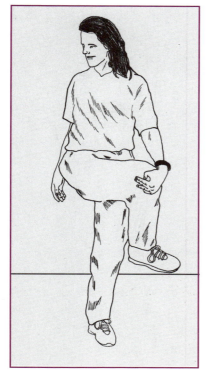

54. Alongar o músculo abdutor da coxa: em posição ortostática, com o joelho da perna de base em semiflexão, elevar o joelho direito realizando flexão de quadril com adução da coxa, mantendo o joelho direito flexionado. Manter a posição por 30 segundos e voltar lentamente, relaxando. Realizar o exercício com o outro segmento inferior.

55. Alongar o músculo quadríceps: de pé, em posição ortostática, flexionar o joelho direito e com a mão esquerda, se possível, segurar a ponta do pé direito. Levar o joelho direito levemente para trás e não encostar o calcanhar na região glútea. Manter a posição por 30 segundos e voltar lentamente, relaxando. Realizar o exercício com o outro lado.

Sessão 5

56. Alongar o músculo longitudinal do tronco: prolongar o braço direito acima da cabeça ao máximo, relaxar e inverter os braços para repetir o exercício.

57. Alongar o músculo posterior do tronco: entrelaçar os dedos, estender os cotovelos, flexionar os braços a 90º, manter as pernas afastadas com os joelhos semiflexionados e prolongar, até um limite confortável, os braços à frente, realizando pequena acentuação da curvatura cifótica, e direcionar à lateral direita. Manter a posição por alguns segundos e realizar o exercício para o outro lado.

58. Alongar os músculos extensores do punho: flexionar os cotovelos e o punho direito e, com a palma da mão esquerda, empurrar o dorso da mão direita. Manter a posição por 30 segundos, relaxar e inverter a posição (trocar as mãos) para repetir o exercício.

59. Alongar os músculos flexores do punho e dos dedos: posicionar o braço direito com uma pequena flexão (ângulo inferior a 45°), estender o cotovelo, voltar a palma da mão para frente e estender o punho com os dedos voltados para baixo. Com os dedos da mão esquerda apoiados na mão direita, empurrá-los até um limite confortável em direção ao antebraço. Trocar as mãos e repetir o exercício.

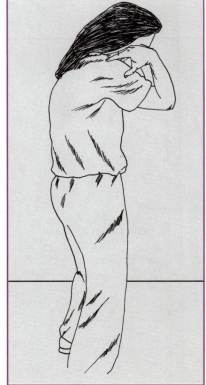

60. Alongar o músculo dorsal: com as mãos apoiadas nos ombros, realizar adução dos braços, aproximando os cotovelos, e realizar uma pequena acentuação da curvatura cifótica. Manter a posição por 30 segundos, alongando a musculatura dorsal, e voltar lentamente, relaxando.

61. Alongar o músculo peitoral: elevar braço esquerdo e abduzir o braço direito com as palmas das mãos voltadas para frente, levando, ao máximo, os braços para trás até um limite confortável. Manter a posição por 30 segundos e voltar lentamente, relaxando. Realizar o exercício invertendo a posição dos braços.

62. Alongar o músculo peitoral: com as mãos apoiadas nos ombros, levar, ao máximo, os cotovelos para trás até um limite confortável. Manter a posição por 30 segundos e voltar lentamente, relaxando.

63. Alongar o músculo tríceps: elevar os braços, flexionar os cotovelos e apoiar as mãos nos cotovelos, cruzando os antebraços. O braço direito traciona o braço esquerdo, puxando-o para a direita. Manter a posição por 30 segundos e voltar ao meio. Realizar para o outro lado.

64. Alongar os músculos abdutores dos braços: aduzir os braços à frente do tronco, cruzando-os e sobrepondo-os, levando as mãos ao máximo para trás do ombro; manter a posição por 30 segundos, voltar lentamente, relaxar e inverter a posição dos braços.

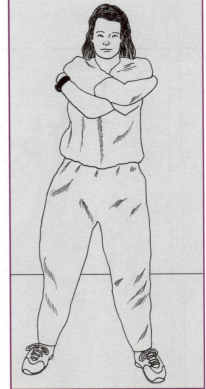

65. Alongar o músculo deltóide: com os braços à frente do tronco, apoiando as mãos nos cotovelos e cruzando os antebraços, estender o braço direito, sendo este tracionado pelo esquerdo, aproximando o braço direito do peito. Manter a posição por 30 segundos e voltar lentamente. Realizar o exercício para o outro lado.

66. Alongar a musculatura da região glútea: com a perna esquerda de apoio e com o joelho semiflexionado, apoiar a perna esquerda sobre a coxa direita e realizar uma pequena flexão de tronco, deixando as mãos sempre apoiadas na coxa ou na perna. Manter a posição por 30 segundos e voltar lentamente. Realizar o exercício com o outro segmento inferior.

67. Alongar a musculatura adutora da coxa: com as pernas afastadas, flexionar o joelho direito (porém este não deve passar a ponta do pé), estender o joelho esquerdo e posicionar a ponta do pé para cima. Realizar flexão de tronco sobre a perna esquerda até um limite confortável, apoiando as mãos no pé e no chão, manter a posição por 30 segundos e voltar lentamente. Trocar o lado e repetir o exercício.

68. Alongar o músculo posterior dos membros inferiores: com as pernas em afastamento ântero-posterior e joelhos semiflexionados, realizar flexão de tronco até um limite confortável e descer sempre apoiando as mãos no chão. Estender os joelhos levemente, manter a posição por 30 segundos, flexionar os joelhos e voltar lentamente o tronco, alinhando-o, mantendo as mãos apoiadas, levantando a cabeça por último. Inverter o lado e realizar o exercício novamente.

69. Alongar os músculos da região lombar: com as pernas unidas e os joelhos flexionados, abraçar as pernas realizando flexão de tronco, relaxando a cabeça e alongando a musculatura dorsal.

REFERÊNCIAS BIBLIOGRÁFICAS

1. ACHOU JR., Abdallah. *Bases para exercícios de alongamento relacionado com a saúde e no desempenho atlético.* 2 ed. Paraná: Phorte Editora, 1999. 240p.

2. ANDERSON, Bob. *Alongue-se.* 18 ed. - São Paulo - Editora Summus, 1983. 184p.

3. KNOPLICH, José. *Viva bem com a coluna que você tem.* 26 ed. São Paulo: Editora Ibrasa, 1935. 232p.

4. LEHMUKUHL, L. Don & SMITH, Laura K. *Cinesiologia Clínica de Brunnstron.* 5 ed. São Paulo: Editora Manole, 1997. 466p.

5. WISNER, Alan. *Por dentro do trabalho: Ergonomia, Método e Ética.* São Paulo: FTB/Oboré, 1987.

6. RUDGE, Maria Eugênia Anjos Telles e colaboradores. *Escolhendo a qualidade de vida; opção: saúde.* São Paulo: CHP, 2001. 32p.

7. RIO, R. P. do & PIRES, Licínia. *Ergonomia: Fundamentos da Prática Ergonômica.* 2 ed. Editora Health, 1999. 225p.

8. NASCIMENTO, N. Marques & MORAES, R. de A. Sanches. *Fisioterapia nas Empresas.* 1 ed. Rio de Janeiro: Taba Cultural, 2000. 208p.

9. RIO, R. Pires. *Ler - Ciência e Lei.* Belo Horizonte: Livraria e Editora Health, 1998. 331p.

10. ANDERSON, Bob. *Alongue-se no trabalho.* 1 ed. São Paulo: Summus, 1998. 108p.

11. DANTAS, Estélio H. M. *Flexibilidade: alongamento & flexionamento.* 3 ed. Rio de Janeiro: Editora Srape, 1995. 231p.

12. GOSLING, J. A. e colaboradores. *Anatomia Humana.* 2 ed. São Paulo: Editora Manole, 1992. 363p.

13. HAMIL, Joseph & KMITZEN, Katheen M. Bases. *Biomecânicas do Movimento.* 1 ed. São Paulo: Editora Manole, 1999. 532p.

SOBRE AS AUTORAS

CLAUDIA REGINA GUASTELLI

- Graduada em Educação Física – Universidade São Judas Tadeu.
- Pós-Graduada com especialização em Ginástica Especial Corretiva – FMU.
- Professora convidada do curso de Pós-Graduação do UniFMU na disciplina Reeducação Corporal Global nas Empresas – Ginástica nas Empresas.
- Diretora Comercial da empresa Body & Health Atividades Físicas S/C Ltda.
- Ministra palestras e cursos para empresas de todo o Brasil com temas relacionados a Programa de Qualidade de Vida, Promoção de Saúde e Ergonomia.

ELAINE BORGES PICOLI

- Graduada em Educação Física – Universidade São Judas Tadeu.
- Pós-Graduada com especialização em Ginástica Especial Corretiva – FMU.
- Professora convidada do curso de Pós-Graduação do UniFMU na disciplina Reeducação Corporal Global nas Empresas – Ginástica nas Empresas.
- Diretora Técnica da empresa Body & Health Atividades Físicas S/C Ltda.
- Ministra palestras, cursos e treinamento em todo território nacional com temas relacionados a Programas de Qualidade de Vida, Promoção de Saúde, Ergonomia e Ginástica Laboral.

Body & Health Atividades Físicas S/C Ltda
Rua: Tobias Barreto, 1432 - sala 04
Alto da Móoca - São Paulo - SP
Cep: 03176-001
Site: www.bodyhealth.com.br
e-mail: elainebpicoli@aol.com